美育实践丛书

美育实践活动手册

第八册

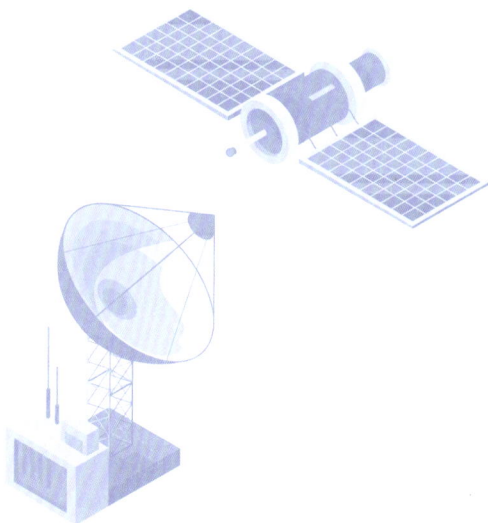

深圳市龙华区民治中学教育集团　编

暨南大学出版社
JINAN UNIVERSITY PRESS

中国·广州

图书在版编目（CIP）数据

美育实践活动手册. 第八册 / 深圳市龙华区民治中
学教育集团编. -- 广州：暨南大学出版社，2024. 11.
（美育实践丛书）. -- ISBN 978-7-5668-4060-8

Ⅰ. G634.950.3

中国国家版本馆 CIP 数据核字第 2024GU4757 号

美育实践活动手册（第八册）

MEIYU SHIJIAN HUODONG SHOUCE（DI-BA CE）

编　　者：深圳市龙华区民治中学教育集团

出 版 人：阳　翼

策　　划：周玉宏　武艳飞

责任编辑：武艳飞　林玉翠

责任校对：孙劭贤

责任印制：周一丹　郑玉婷

出版发行：暨南大学出版社（511434）

电　　话：总编室（8620）31105261

　　　　　营销部（8620）37331682　37331689

传　　真：（8620）31105289（办公室）　　37331684（营销部）

网　　址：http：//www.jnupress.com

排　　版：广州良弓广告有限公司

印　　刷：广州市金骏彩色印务有限公司

开　　本：787 mm×1092 mm　1/16

印　　张：5.375

字　　数：113 千

版　　次：2024 年 11 月第 1 版

印　　次：2024 年 11 月第 1 次

定　　价：30.00 元

总　序

小小少儿郎，
背起书包上学堂。
花儿笑，
鸟儿唱，
夸我读书忙。

一首简短的儿歌，唤起我们多少美好的回忆，激起我们多少动情的联想。

在绿树成荫、花香四溢的校园里，和老师同学们一起读好书，那是多么幸福的时光。

好书是生活的伴侣，是攀登的阶梯，是前行的灯塔。

读好书，好读书，是人生一种美好的享受。

读书有三条路径，三条路径通向三重境界。

第一条，读纸面的书，读网络的书。

第二条，读社会的大书，读人生的大书。

第三条，用眼、用心、用行动，去审读，去体悟，去品鉴，去实践，去升华，去创造一本精美的人生之书。

这本书，有字无字，有声无声，有形无形，有涯无涯。它奥妙无穷，浩瀚无垠，囊括天地、宇宙、人生、过去、现在、未来，它是一本无与伦比的绝妙好书。

三条路径，三重境界，都指向美好的人生。我们提倡知行，并超越第一、二重境界，实践并飞渡第三重境界。那是一个美心、美德、美行、美我、美人、美众的大美境界。

　　你手中的这套"美育实践丛书"，就是引导我们进入第三重境界的新书、好书、奇妙之书。

　　这套"美育实践丛书"，核心是"美育"，关键是"实践"。"美育"强调"三自"：自主、自觉、自动地拥抱美；"实践"要求"三实"：扎实、踏实、真实地践行美。在实践中自我培育美感，在生活中共同参与审美，在一生中自觉实践、创造美好。通过实践，一起发现美、感知美、鉴赏美、升华美、创造美，一同达到美育活动的全新境界。

　　美在读书中，美在行动中，美在我们心中、手中，在我们日常的一言一行中，在我们人生不懈的追求中。美浸染着我们的生活，滋润着我们的心灵，塑造着我们的人格。实践吧！美，就是你、我、他，就是人生、社会、世界大家庭，就是人类大同，就是人类命运共同体。让我们以美为桥梁、为纽带，连接彼此，以美培元、以美润心、以美育德、以美启智，共同编织一个和谐而充满希望的明天！

2024 年 8 月

CONTENTS

目　录

侠者诗情

品爱国诗歌，识英雄精神，感家国情怀

美美，你了解"求死不得"的英雄文天祥吗？

我学习过《过零丁洋》，知道文天祥置生死于度外，但是"求死不得"是什么意思呢？

崖山战役后，有蒙古将领对他说："宋已经亡国，即便您杀身成仁，也无后人铭记。何不效忠大元，定会受到重用！"他严词拒绝，未有二心。

在被押解去元大都的路上，他路过桑梓之地，想在这片生养他的故乡死去，绝食八天，直至奄奄一息，仍未能如愿。

到达大都，曾经的君主宋恭帝赵㬎来劝降，在国与君发生冲突时，他毫不犹豫地站在了国家大义一方。

后来，元朝政府以他的妻女作要挟，只要他允诺归降，必定能与妻女团圆。可是他却边哽咽边悲叹道"痴儿莫问今生计，还种来生未了因"，难顾妻女。

忽必烈见劝降不得，又忧心他成为宋人抗元的一面精神旗帜，只能对他痛下杀手。事后，人们于他的衣袋中发现一封绝命书："孔曰成仁，孟曰取义。惟其义尽，所以仁至。读圣贤书，所学何事？而今而后，庶几无愧。"

他，就是爱国英雄——文天祥。他的爱国诗作，他的家国情怀，必将流传千古，成为中华儿女的精神食粮。

《过零丁洋》是一首脍炙人口、影响深远的爱国诗篇，我们一起来诵读。

过零丁洋

辛苦遭逢起一经，干戈寥落四周星。

山河破碎风飘絮，身世浮沉雨打萍。

惶恐滩头说惶恐，零丁洋里叹零丁。

人生自古谁无死？留取丹心照汗青。

诵读诗歌，需要注意到……

风格美
豪放
婉约

语言美
工笔
白描

情感美
直白
含蓄

韵律美

————

————

————

这首诗歌属于哪种情况？在相关属性后画一颗小星星吧！

美美，快来读《衣带赞》，这是文天祥的临终绝笔！

衣带赞

孔曰成仁，

孟曰取义。

惟其义尽，

所以仁至。

读圣贤书，

所学何事？

而今而后，

庶几无愧。

《衣带赞》读起来真是荡气回肠，我感受到了正气美、悲怆美……

形象美

诗歌中的形象主要指寄托诗人思想感情的人、事、物。

本赞为诗人英勇赴死前的绝唱。寥寥数语，勾勒出一个忠君爱国、不畏强暴、大仁大义的英雄形象。

情感美

韵律美

辞藻美

鹏鹏，《正气歌》是文天祥彰显爱国情怀的高峰之作，你感受到了什么呢？

正气歌（节选）

天地有正气，杂然赋流形。下则为河岳，上则为日星。
于人曰浩然，沛乎塞苍冥。皇路当清夷，含和吐明庭。
时穷节乃见，一一垂丹青。在齐太史简，在晋董狐笔。
…………

是气所磅礴，凛烈万古存。当其贯日月，生死安足论。
地维赖以立，天柱赖以尊。三纲实系命，道义为之根。
嗟予遘阳九，隶也实不力。楚囚缨其冠，传车送穷北。
…………

顾此耿耿存，仰视浮云白。悠悠我心悲，苍天曷有极。
哲人日已远，典刑在夙昔。风檐展书读，古道照颜色。

解读一首诗，不仅要做到"知人论世、以意逆志"，更要仔细品读诗歌本身，我们来分析一下吧。

项目	美的感受	美的解读
创作年代	品格美	这是文天祥饱经风霜后的晚期作品，沉淀了他一生的情怀、思想。言行一致，忠于信仰，是他表现出的高贵品格
诗体	恣意美	歌行体，篇幅较长，内容丰富，自由灵动，不受拘束，给人酣畅淋漓之感
用典		连用12个典故，表现出从古至今"中华脊梁"们的浩然正气
总结		"浩然正气，万古长存"，文天祥，是文思才情斐然的文人志士，更是为国为民的侠义之士

除了文天祥的诗歌，历史上表现家国情怀的作品还有很多呢！

◆ **对山河故土的热爱之意**

> 四夷既护，诸夏康兮。
>
> 国家安宁，乐无央兮。
>
> ——（西汉）霍去病《琴歌》

◆ **对黎民百姓的忧患之思**

爱国诗词源远流长，我们画一个时间轴理一理吧。

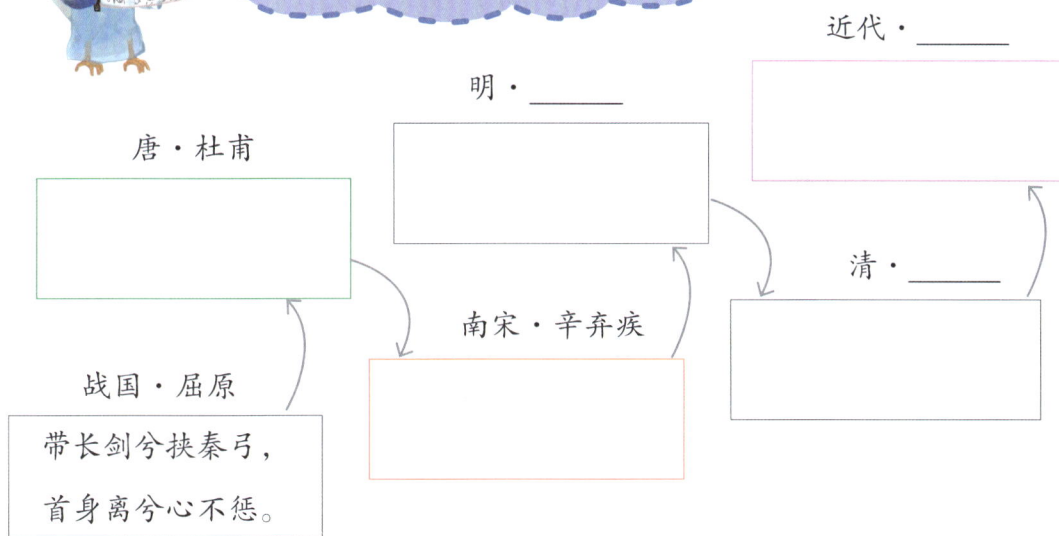

近代·_____

明·_____

唐·杜甫

清·_____

南宋·辛弃疾

战国·屈原

> 带长剑兮挟秦弓，
>
> 首身离兮心不惩。

中国的精神脊梁，从先秦之时，便通过四字之诵挺立起来，而后为五字之咏、七言之诗。不管是潇洒古朴的古体诗，还是张弛有度的格律诗，都是中华民族文化史上的奇葩。诗盛于唐，词名于宋，曲安于元……一代有一代之文学，而那些融合了歌颂祖国、感念家园的篇章，更是在流传千古之后，为每一个中国人构筑栖息民族之魂的殿堂。

"诗言志，歌咏言，声依永，律和声。"诵读诗歌是感受与传递其中情感的绝佳方式，我们来举办一场"爱国诗歌朗诵会"，表达自己的爱国情吧。

言志（节选）

九垠√化为魅，亿丑√俘为虏。既不能√变姓名√卒于吴，∧又不能√髡钳√奴于鲁。远引不如√四皓翁，高蹈不如√仲连父。冥鸿√堕矰缴，长鲸√陷网罟。

鹦燕上下√争谁何，∧蝼蚁等闲√相尔汝。狼藉山河√岁云杪，飘零海角√春重暮。百年落落√生涯尽，万里遥遥√行役苦。我生不辰√逢百罹，求仁得仁√尚何语？

文天祥的《言志》气势磅礴，句式自由，意蕴丰富。为展现诵读的美感，我们在诵读时除了口齿清晰、情感充沛外，还应当注意轻重缓急，表现在朗读技巧上就是重读（"·"为着重号）、停连（"√"表停顿、"∧"表连接）。这里节选了部分段落，根据标注符号试着朗诵吧。

掌握了朗诵技巧，选取了朗诵诗篇，我要大展身手了。

文段标注

朗诵篇目：＿＿＿＿＿＿＿＿

情感基调：＿＿＿＿＿＿＿＿

内容分析：＿＿＿＿＿＿＿＿

朗诵技巧：＿＿＿＿＿＿＿＿

千百年来，中国人将家国情怀熔铸于诗词之中，在诗词的吟诵中塑造爱国认知，在情境的共鸣中深化爱国情感，在诗词的传播中强化爱国信念，在诗词的传承中履行爱国行为。任何值得我们赞叹的爱国事迹、爱国精神，都能以诗的形式来歌之、诵之。

中国航天

杭州第19届亚运会

> 诗歌可以展示我们的爱国心。对中华优秀传统文化的继承和发扬更是我们中学生爱国的方式。

一部中华史，就是一部诗歌史。习近平总书记提出"要在厚植爱国主义情怀上下功夫"，创造性传承、创新性发展中华经典诗词，就是爱国的表现。请你以上面两个爱国事件为主题，任选其一，进行诗歌创作。

数字化美育实践基地

鹏鹏，学习并诵读了这么多的爱国诗词，我们能否将其演绎成舞台剧呢？

当然可以！我们在数字化美育实践基地发布一则"招募启事"，来寻找共同合作的小伙伴。

招募启事

篇　　目：_____

篇目介绍：_____

_____

人物分工：_____

_____

剧本大纲：_____

_____

_____

_____

合作完成的舞台剧可以上传到数字化美育实践基地，与同学们一起分享哦。

科技华裳

广识可穿戴设备，乘科技东风，插想象翅膀，畅想"超人"梦

鹏鹏，《流浪地球》电影好精彩！外骨骼动力机甲能使人力大无穷，救援队在失去运载车的情况下，依靠这套动力机甲徒步运送"火石"，重启行星发动机。我也想当"超人"！

外骨骼动力机甲已经慢慢走入现实啦。如今，可穿戴设备正在快速发展，随着科技的不断进步，可穿戴设备给人类生活带来诸多便利。在未来，人人都能当"超人"。

1970年汉米尔顿手表（Hamilton Watch）正式发布了世界首款LED数字腕表"普尔萨"（Pulsar），被认为是可穿戴设备的第一次正式亮相。21世纪以来，随着网络技术和无线传输技术的不断发展、微型处理器计算能力的日益提升，可穿戴设备发展迅猛，具备智能化、便于穿戴、实时交互等特征。

当今社会已经有很多实用性很强的可穿戴设备。像智能手表，就极大地方便了人们的生活。除此之外，我还知道智能手环、智能眼镜……

目前还有哪些可穿戴设备正在被应用或被研究呢？选一款你最感兴趣的产品，向大家介绍一下它是如何给人们的生活带来便利的。一起来体会科技的便捷美吧！

科技的便捷美

设备名称：_____

主要功能：_____

_____

_____

便捷之处：_____

_____

_____

可穿戴设备中最常用的元件非传感器莫属。传感器是智能产品认识世界的媒介，赋予了智能产品对外部环境的一切感知能力。正像眼睛、鼻子、耳朵对于人体的作用一样，传感器在硬件中充当着从外界接收信息的角色。

有了传感器，科技产品才能更好地感知人们的需求，更好地为人们提供便捷服务。

> 可穿戴设备中的传感器是人类感官的延伸！如果我想拥有一件"可调节温度外套"，就需要"温度传感器"，是这样吗，鹏鹏？

> 没错！传感器就是科技产品的感知系统，增强了人类的"第六感"功能。

请类比人体的感觉器官，填写下表。

视觉	___光传感器___	触觉	___压力传感器___
嗅觉	_____	味觉	_____
听觉	_____	温觉	_____

可穿戴智能设备收集传感器数据，定时传到服务器，再利用大数据全面分析比对，进行结果预测。我们一起来看看智能手表的睡眠监测功能是通过哪些传感器具体实现的吧！

睡眠监测功能

好神奇，大数据怎么知道我睡着了呢？是不是运动传感器通过数据分析发现我长时间没动？

美美太聪明了！睡眠监测功能，就是通过"体动传感器"和"心率传感器"共同实现的。

请同学们想一想，可穿戴设备中的其他功能会用到什么传感器呢？让我们一起来体会科技的智能美吧！

设备	功能	传感器
智能手表	地铁刷卡	NFC传感器

哇，可穿戴设备的优点可真多！

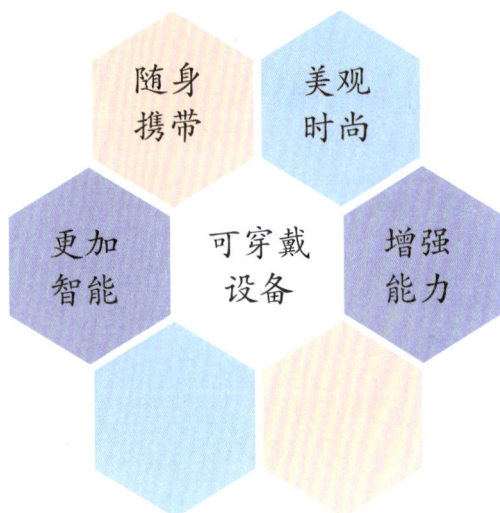

随身携带

美观时尚

更加智能

可穿戴设备

增强能力

通过收集传感器上传的数据，可穿戴设备可以分析一个人的行为模式、生活习惯、身体状况，甚至感知他的想法，从而为他提供更精准的个性化服务。可以说，可穿戴设备因为有了大数据分析的支撑才具有了"智能"。

你认为，在大数据的支撑下，可穿戴设备可以为人们提供怎样的便利，又可能会带来什么风险？

便利	风险

要想让可穿戴设备变成我们感官的延伸，更加便捷化、智能化，帮助我们提升与生俱来的本能，我们就必须坚持科技的真与善。

中国科学院院士、物理学家李政道先生因发现了"宇称不守恒定律"（与杨振宁合作），1957年获得诺贝尔物理学奖。他曾经说过这样一句话：没有今日的基础科学，就没有明日的科技应用。

"明日的科技应用"如同繁星，"今日的基础科学"就像给予力量的大地，我们不仅要仰望星空，更需要脚踏实地。

作为实现"超人梦"的未来之子，同学们对李政道先生的话以及我们的当下和未来都有怎样的感悟、承诺和期许呢？和大家分享一下吧！

美美，了解了这么多可穿戴设备，你想拥有什么样的"超人"能力呢？

智能语音、手势识别、隔空取物、自由飞行……我都好想拥有！

请同学们小组合作，利用一些简单传感器和生活中的材料，制作一件简易可穿戴设备吧。

你想要实现的功能	你的设计思路

向全班同学展示你们小组的可穿戴设备，并请大家做出评价。

科学性	结构性	美观性
☆ ☆ ☆ ☆ ☆	☆ ☆ ☆ ☆ ☆	☆ ☆ ☆ ☆ ☆

小组成果照片粘贴处

使用绘画或者 3D 建模工具把小组合作的可穿戴智能设备描绘出来，并为它制作一个解说视频，发布到我们的数字化美育实践基地里吧！

你还可以展开想象的翅膀，冲破当今科技的限制，为它添加更多神奇功能，开发更多玩法，让它成为你的专属可穿戴设备！

小组的可穿戴设备资料卡

设备名称：_____

设备主要功能：_____

视频名称：_____

视频发布网址：_____

制作人：_____

真希望在未来的某一天，我们的"超人"梦能够实现，数字化美育实践基地中保存的可穿戴设备真的能成为现实！

咏春拳术

探咏春拳术，养浩然正气

美美，你知道吗？2021 年咏春拳正式入选国家级非物质文化遗产扩展项目哦！

当然，我还知道咏春拳的起源故事呢！

美美，和我一起探秘咏春拳吧！

　　相传，五枚师太是清初的少林派弟子。福建南少林被清政府焚毁后，她为避祸，隐居于川滇边界的大凉山，因目睹蛇鹤相争而受到启发，开创了咏春拳。这是咏春拳众多起源故事之一，也是传播较广的说法。

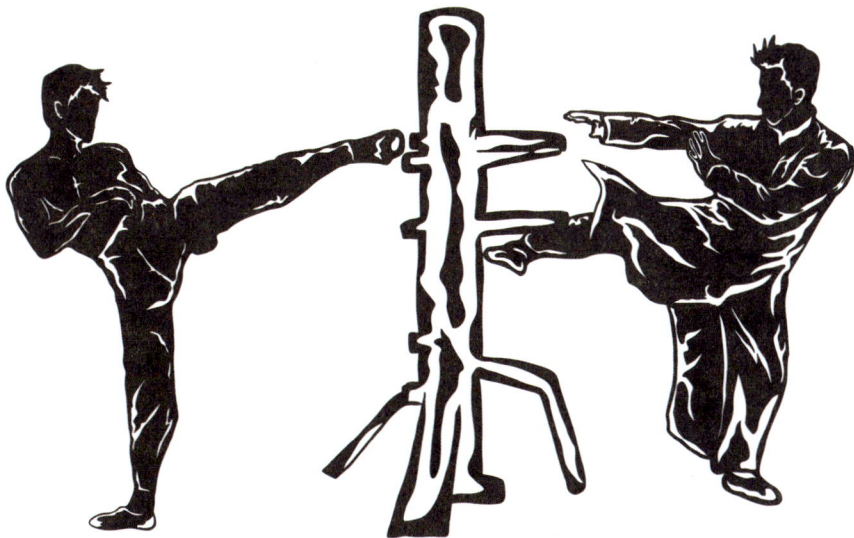

　　咏春拳作为典型的南派功夫，其手法灵活多样且独树一帜。咏春高手的双手相当灵敏，防守时密不透风、滴水不漏，进攻时如水银泻地、逢空即入。咏春拳的基本套路有小念头、寻桥和标指等，各种套路以摊掌、膀手、冲拳等基本手型相生相克，来回顺、逆时针滚动，并适时做出攻击动作。

鹏鹏，你觉得咏春拳的身形像什么动物呢？

美美，你觉得咏春的手形又像什么动物呢？

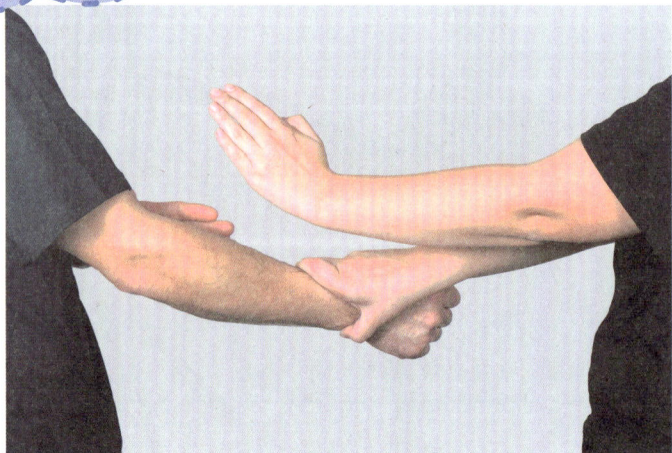

佛山咏春，名家辈出，功夫之王李小龙，师承叶问，成为传奇。阮奇山、姚才、叶问，并称"咏春三雄"，名重一时。

> 鹏鹏，你知道李小龙所习的咏春拳有什么特别之处吗？

> 咏春之美可以从技巧、速度和力量几个方面来体现。

类型	举例
技巧美	咏春贵在技术用劲的神速和灵变，讲求驭势、管势和破势的攻击能力，驭势即咏春拳中的制手、制脚，管势即令对方先失去重心，破势即以拳、桥、掌、指、肘连续进攻
速度美	
力量美	

2008年《叶问》初登荧幕，即掀起一阵功夫热潮，随后十年间，《叶问2》《叶问3》《叶问4》的相继登场，补全了主角叶问在不同时期的故事。电影中的叶问武艺超群、豪迈英勇，尽显一代宗师的风范，其中就包含了武德这一重要品格。崇德尚武，发扬民族精神，是提倡武德的基本原则。武德内涵丰富，比如武德高，爱国爱民，品德高尚；武旨正，强身健体，正直正义；武纪严，不斗凶狠，遵纪守法……《叶问》系列影片中主角集高超武艺和爱国情怀于一身，体现了高尚的崇德尚武精神。

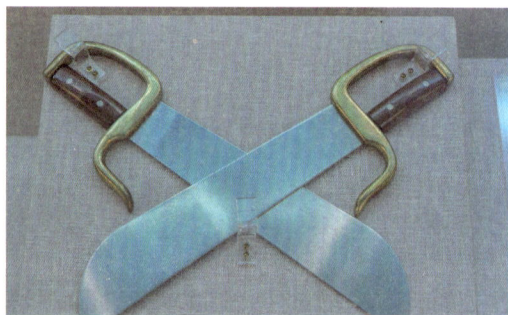

鹏鹏，咏春拳术里只有打架过招吗？

那可不是，我们一起来看看电影，找一找咏春拳术的美吧！

武德之美	武礼之美	武器之美

咏春拳除了注重武术技艺外，更注重武与德的双修。"小念头不正，终身不正；习武如此，做人如是"，这是咏春拳深层次的人文内涵。

中华传统武德以孔孟儒家的"仁学"为武术伦理核心，以爱国、侠义为内涵的英雄主义为人生理想，提倡献身于国家民族之大义，扶危济困，除暴安良；崇尚信义忠诚、尊师重道、孝悌守礼、俭朴谦逊等高尚的道德品质与优良作风。

> 1. 侠客重恩光，骢马饰金装。暂闻传羽檄，驰突救边荒。
>
> ——（唐）张易之《出塞》
>
> 2. 名编壮士籍，不得中顾私。捐躯赴国难，视死忽如归！
>
> ——（三国）曹植《白马篇》

你能从这些诗词中体会到怎样的人文精神呢？

中华武术是中国社会重要的集体记忆之一，经常出现在各种文学影视中，有着深刻而无可取代的人文意义。

武术以仁为本，以义为基，以德为范，以礼成规，磨炼意志，完善人格，具有丰富的价值内涵。请从爱国忠诚、和谐友善、勇敢自信和诚实重义中任选其一，拟写一篇演讲稿，并在班级中组织演讲比赛，选出你心中的演讲大师。

鹏鹏，你心目中的咏春大师是什么样的？

我心目中的咏春大师是风度翩翩、见义勇为的形象，我要把心中的他画下来。

我心目中的咏春大师

咏春拳教给人的不仅仅是高超的武艺，还有刚正不阿的气节。

叶问的徒弟、"实践咏春"创始人梁绍鸿曾这样回忆道："叶问最令我钦佩的，就是君子固穷的气节。当时他三餐不继，虽然无奈但没有半句怨言。尽管穷，但仪容从来干净端正。尽管天气热，他从未解开半粒纽扣，更从未像其他人一样赤膊。这一切显示出一派令人景仰的儒者风范。"

咏春拳是集快拳、短刀、长棍和近打于一身的南派实用武术。咏春拳讲求短桥窄马，招式灵活，后发先至，借力打力，以柔制刚，以最短的距离和最快的速度，运用"寸劲"，于中线防守和借势反击。

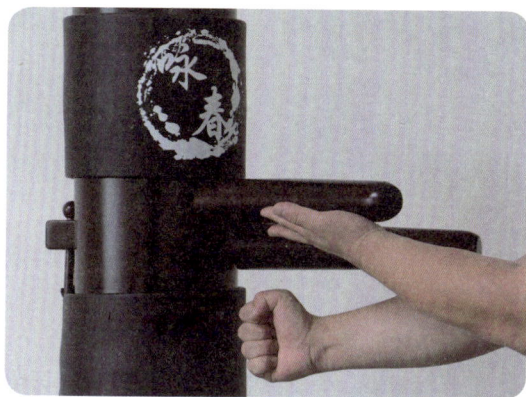

鹏鹏，我们一起练练咏春拳吧，亲自感受这种武术之美！

好啊，我们还可以将它改编成课间操！

咏春拳改编

第一小节

第二小节

第三小节

第四小节

数字化美育实践基地

博物馆是社会历史文化的重要载体，是理解过去、思考当下、启示未来的重要公共文化场所。博物馆的未来是什么样子？在国际博物馆协会发布的2021年国际博物馆日主题海报上，带着虚拟眼镜的人物头像格外醒目，勾勒出了博物馆数字化趋势的未来图景。武术数字博物馆的搭建让人足不出户便可领略到武术的魅力。

鹏鹏，我们一起搭建南拳武术宝库数字博物馆吧！

让我们来大干一场吧！

和几个小伙伴组成项目组，每个人分别选择2～3种南拳，收集资料后将其数字化（音频、视频等形式），时间2～3分钟，将所有数字化武术内容整理发布在平台上（如微信公众号），供大众查阅学习。

收集资料

1.历史沿革

2.代表人物

3.典型武器

4.拳术特点

5.锻炼形式

6.经典故事

……

整理

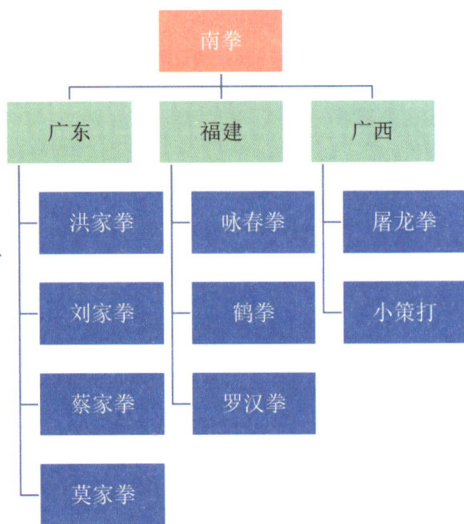

穿花纳锦

识图色，感创新，悟广绣多元融合

> 美美，你听说过广绣始祖"逍遥仙姑"的传说吗？

> 哦？为什么要叫仙姑呢？难道广绣的创始人是一位神仙？

唐代，广东有一位被称为"绿眉神绣"的女子。她就是卢眉娘。皇帝听说她对刺绣悟性极高，便请她入宫传授广绣技术，并封她为"神姑"。但卢眉娘不喜欢单调苦闷的宫中生活，几次请旨离宫。皇帝最终准她回乡，并赐号"逍遥"。

卢眉娘回乡后便筑庵而居，潜心钻研刺绣技术，几年后就仙逝了。传说，道士为她料理后事时，满室生香。在抬棺安葬之时，灵柩极轻。开棺一看，棺中只有一双旧鞋。

> 一起去博物馆看看神姑传承下来的广绣艺术吧！

博物馆参考

广东民间工艺博物馆
广州十三行博物馆
……

广绣是广州及其古属地南海、番禺、顺德等地民间刺绣的统称，在唐代就有较高的工艺水平和艺术造诣，与潮州的刺绣合称为粤绣，是中国的四大名绣之一。

鹏鹏，我们去博物馆里看看广绣吧。

别忘了带上记录单哦！

实用美

广绣广泛运用于椅披、屏风、画轴、便服、戏衣、荷包、扇套等物品

工艺美

广绣针法多样，纹理清晰，运针讲究针点均匀，针脚整齐

装饰美

广绣多用明快的颜色，以金银线来勾勒轮廓，追求华美艳丽、生动立体的艺术效果。

广绣作为中国四大名绣之一，与蜀绣、苏绣、湘绣相比，色彩丰富、融合创新而独具个性！

蜀绣　　　　　苏绣　　　　　广绣　　　　　湘绣

广绣的图案美	举例
色彩丰富之美	广泛使用红、绿等对比强烈的色彩
光影和谐之美	
色彩对比之美	

广绣好漂亮啊！

广绣的色彩真是繁复艳丽、热闹欢快呢！

广绣的一大特点就是画面构图丰富，布局饱满，少有空隙，繁而不乱，即使有空隙，也要用山水、草地、树根等补充，使得绣面热闹而紧凑。

广绣为什么会有这样的特点呢？

我们可以从广绣的图案开始分析。

成因　　　　　　　　　特点

1. 岭南一带多崇山峻岭，人们多上山打猎　⟶　多飞禽走兽

2. _____　⟶　多繁花佳果

3. 追求吉祥如意、幸福安康的寓意　⟶　_____

"图必有意，意必吉祥。"广绣体现了浓郁的岭南韵味，人们选择的题材图案多为民间生活中的景物和动物，且都承载着美好的祝福和愿望。同时，广绣追求构图饱满，这同样寄托了人们对"美满"的向往之意。

我还找到了画面感觉很不一样的绣品呢！

这也是有历史渊源的哦！

广绣作为海上丝绸之路的重要文化符号，不仅见证了广州海上贸易的繁荣，也承载了丰富的历史文化价值。广绣构图饱满、色彩丰富的特点与当时崇尚繁复华丽的欧洲艺术产生了共鸣，因此在西方社会获得推崇。受大量外销产品的影响，广绣由民间作坊小批量生产逐渐向商品化生产转型，不仅增加了海外题材，还创新了技法，着重表现西洋油画光影的特点。

成因　　　　　　　　　**特点**

1. 明清时期，广绣大量销往海外 ⟶ ＿＿＿＿＿＿＿

2. 与西洋油画相融合，广绣改革绣法 ⟶ ＿＿＿＿＿＿＿

广州竹枝词

（清）屈大均

洋船争出是官商，十字门开向二洋。

五丝八丝广缎好，银钱堆满十三行。

广绣究竟"多元融合"了哪些内容呢?

延续传统,回应当下,是文化发展的永恒命题。诞生于岭南大地上的广绣,蕴含着广府文化中特有的开放包容、与时俱进的精神内涵。广绣的多元融合不仅致敬新时代,也在致敬着传统与未来。

1 照片粘贴处

题材的多元融合:

———————————————
———————————————
———————————————

2 照片粘贴处

技法的多元融合:
吸收了西洋油画的艺术风格,运用透视和光线折射的原理,丰富了广绣的设计色调,使广绣艺术更有表现力。

作为广府文化的一部分,广绣有着多元兼容、包容开放的艺术特征和文化内涵。这也是在时代发展和文化观念影响下,人们的审美和精神价值不断变化的体现。

正是由于"多元融合",广绣在岁月的长河中一直散发着独特的魅力。你还能找到哪些与现代元素融合创造的传统技艺呢?与同学们进行交流。

"图必繁复，富丽安康。"广绣的构图形象生动，画面错落有致，色彩跳跃灵动而富丽。每一幅美丽的图案都显现出缕缕情思、美好的期盼与无限的祝福。

一图一式都是情，同学们，来设计一幅美好的广绣图案，送给你们想祝福的人吧！

我的设计图案名为：_____

我的祝福语是：_____

_____

数字化美育实践基地

数字技术为记录我们的广绣创作过程和传播广绣提供了更多方式。为了让广绣被更多人看到，请为广绣制作一个广告吧！常用的广告设计软件有Photoshop、Illustrator 、CorelDRAW。

一个优质的广告有什么必备要素呢？

1 朗朗上口的广告词。

2 耳目一新的创意。

3 能够引发人们的实际行动。

别忘了填写成果展示表哦！

成果展示表

广告主题：

广告词：

使用的设计软件：

时长：

广告链接

北斗璀璨

时空数据，赋能未来

> 鹏鹏，你知道长城上的烽火台有什么用吗？

> 烽火台在古代可是承担着传递信息的重要任务呢！

昼以烟为号，夜以火为令。利用烽火台的烟火迅速传递信息，是古代传递军情的重要方式之一。

蜿蜒的城墙上四散分布的烽火台，如同夜空中闪耀的星星，点缀着天幕，美丽而又令人震撼。千年后的今天，在璀璨的星空中，不仅有着宇宙原本的美，还有着人类科技发展所展现的魅力——人造卫星。其中我国的北斗卫星也占据了一席之地。

在数字化时代中，时空智能服务是未来的发展趋势。时空智能服务，就是可以实现动态厘米级定位、静态毫米级感知、纳秒级授时的服务。而北斗卫星导航系统的运用，进一步推进了精密时空智能服务的发展。

在生活中，哪些地方体现了北斗卫星导航系统的强大之处呢？

以疫情防控期间为例，火神山医院的选址，医院物资的调配，包括无人机送物品，还有医院送药的机器人等，都用到了北斗系统。北斗系统精准助力了疫情防控。

火神山医院选址

根据你的观察和了解，北斗卫星导航系统还有哪些应用，与同学们一起交流分享吧！

北斗卫星导航系统的应用

交通	农业	林业
车辆自主导航	农业机械无人驾驶	林区面积测算
车辆跟踪监控	农田起垄播种	木材量估算
车联网应用	无人机植保	巡林员巡林
铁路运营监控	农作物施肥	森林防火

小讲坛

北斗卫星导航系统（简称"北斗系统"）是中国着眼于国家安全和经济社会发展需要，自主建设运行的全球卫星导航系统，是为全球用户提供全天候、全天时、高精度的定位、导航和授时服务的国家重要时空基础设施。

鹏鹏，我发现地面上的信号塔和北斗卫星长得有点相似……

哦？你找到了哪些相似的地方呢？

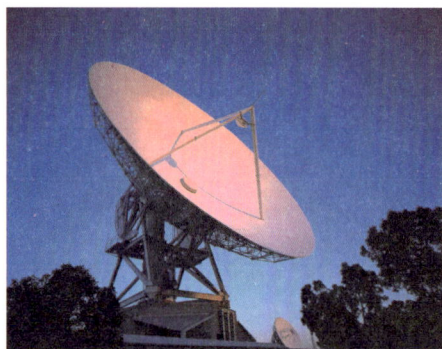

卫星电视接收器

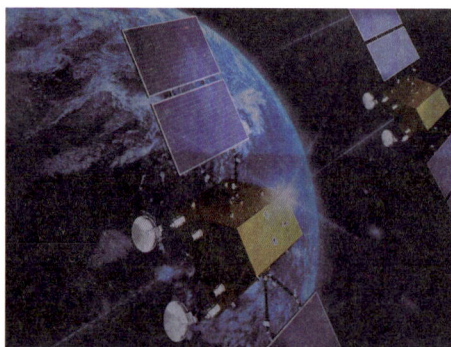

北斗卫星

它们都有一个像碗形的圆弧结构！鹏鹏，你知道为什么要这样设计吗？

你观察得真仔细！这是"凹面天线"，它可以把四面八方的信号汇聚起来，增强信号！

请同学们利用易拉罐、美工刀、胶带等常见物品，动手制作一个简易的"信号放大器"吧！（温馨提示：可以利用家里的 Wi-Fi 试试你的小发明效果如何哦！）

经过我国的创新研发，北斗卫星系统在遇到通信、电力中断的紧急情况下，依然能够借助卫星信号传输信息，实现通信和定位功能。

鹏鹏，美国的 GPS 已经在生活中广泛应用了，为什么我们国家还要研发北斗卫星导航系统呢？

国家想要强大，就必须有自主研发的前沿技术！

请你化身小设计师，用画笔描绘通信路线吧！

北斗导航系统是中国航天史上的一座里程碑，正如"北斗"之名，它将为中国航天事业的未来发展指引方向。昔有指南针，今有北斗导航，这是中国智慧跨越时空的接力与传承。

筑梦人

谢军——我国北斗卫星导航系统工程副总设计师、北斗三号导航卫星首席总设计师，获评"感动中国 2020 年度人物"。

颁奖词里这样写道："当第五十五颗吉星升上太空，北斗，照亮中国人的梦。"

同学们，北斗点燃了你心中怎样的梦想呢？作为学生，北斗精神又能给大家带来什么启发和引领呢？

扫码观看视频，了解北斗发展历程，感受北斗精神。

作为中国梦的践行者，请大家以小组形式开展活动，可以用文字、诗歌、视频等形式表达自己对北斗精神的感悟，分享中国的科学精神和魅力！

鹏鹏，我发现 GPS 在室内总是会出现导航延迟，而且定位也不够准确。我们的北斗卫星导航系统能解决这个问题吗？

那是当然！"定位速度快、精度高"可是北斗卫星导航系统闻名世界的骄傲之处！你知道 2022 年北京冬奥会场馆"雪如意"吗？就算你第一次去，北斗卫星导航系统"高精度室内导航"也能让你快速找到最美的观景台哦。

北斗卫星导航系统正处于蓬勃发展的时期，未来的北斗将为生活智能化、无人化发展提供核心支撑，也进一步助力宇宙奥秘的探测。

"智能机器人、无人驾驶车辆……"大家的"北斗梦"里都有什么呢？拿起画笔，畅想"北斗导航下的未来之城"吧！

未来的小航天工程师们，利用 3D One、Maya 等建模软件，设计出属于你的 3D 版北斗卫星吧！

请以你设计的北斗卫星的口吻向全宇宙介绍自己吧！

"我" 的自我介绍

"我" 有一个独一无二的名字，叫作：

_____

"我" 采用了这些技术：

_____

_____

"我" 可以为人类生活做出这些贡献：

_____

_____

_____

天府之源

拜水都江堰，领略古人智慧之美

> 鹏鹏，清明节你要做什么？

> 我要去参加放水节。

清明节既可以扫墓祭祖，也可以踏青郊游。在四川平原上，这一天会举办较大规模的放水节。放水节是国家非物质文化遗产之一。为庆祝都江堰水利工程岁修竣工——千年不坏的都江堰也需要每年进行修护，同时也为了纪念李冰父子，并祈祷一年风调雨顺，民间自发在清明节这天举行庆典。典礼上，主祭会身着民族服饰，再现以"少牢"之礼祭祀李冰的场景，并配合上古巫舞，庄重而富有历史感，堪称独一无二的文化奇观。

你知道都江堰是如何成就了
成都"天府之国"的美誉吗?

"天府之国"是对一方水土的最高赞誉,所谓"天府",一指稳固,二指富饶,三指广袤的土地资源。成都地处中国西南地区,位于四川盆地的核心区域,相较战争多发的中原地区,相对安稳。最初的成都平原西邻邛崃山,东倚龙泉山,两山之间是大片广袤的土地。所以,成都最初就具备了"稳固"和"土地资源"两种成为"天府"的要素。只是,自邛崃山奔流而下的岷江,却因玉垒山的拦截,转道南行,避开了成都平原,因而这里多有旱情。然而自从李冰主持修建都江堰水利工程,凿开玉垒山形成宝瓶口引水向东北,由之分流的蒲阳河、走马河、柏条河、江安河四条河流呈扇状分流于成都平原,从此开始滋养土地,富裕人民。

拜水都江堰，问道青城山。都江堰作为世界文化遗产、世界灌溉工程遗产、全国重点文物保护单位、国家级风景名胜区、国家 AAAAA 级旅游景区，自然值得一观。

巍峨之美

玉垒阁是一座仿古建筑，连底共 7 层，高 46.4 米，气势轩昂，造型优美，位于玉垒山最高点，可以俯瞰全景。

气宇之美

李冰为都江堰事业奉献一生，李冰巡江雕塑矗立在玉垒山上，气宇轩昂。

这些是都江堰必打卡景点，我要好好欣赏，细细感受。

这是都江堰滋养出来的神奇土地。一起去看看吧!

从宝瓶口望去,掩映在郁郁葱葱的林木中的古建筑与不远处的现代高楼大厦交相辉映。

都江堰水利系统建成千年沿用至今,宛如此地的守护者。人民游览都江堰时,心中的感情无比丰沛。毕竟,时代的发展,地区的富饶,人民的安乐,都得益于都江堰的滋养。

奇	美	美的解读
福泽深厚	感恩美	自都江堰建成以来,人们生活在富足祥和的环境中。于是,人们每年都在清明节祭祀李冰父子,表达对他们的无限崇敬之情
化害为利	智慧美	
滋养生息		
千年不坏		

鹏鹏，修建都江堰时有没有遇到什么难题呢？

说来话长啊……

难题一：东旱西涝，资源不均惹人愁

岷江自山间奔流而下，本要灌溉成都平原，但在出山口却被玉垒山自东向西拦截。岷江便往西流，造成了西部的洪涝问题，东部的大片土地却得不到江水滋养。于是，李冰思虑再三，决定带领数十万劳工开始漫长的凿山运动。在经年累月的火烧水浇之后，"宝瓶口"终于诞生了，它既可以引水入东部，也能缓解西部的洪涝灾害。

难题二：西高东低，水难流入宝瓶口

难题三：沙积石垒，年年岁修年年忧

朗朗上口的《治水三字经》，饱含着深刻的道理！

治水三字经

深淘滩，低作堰。六字旨，千秋鉴。

挖河沙，堆堤岸。砌鱼嘴，安羊圈。

立湃阙，凿漏罐。笼编密，石装健。

分四六，平潦旱。水画符，铁桩见。

岁勤修，预防患。遵旧制，勿擅变。

这则三字经，是都江堰水利工程的经验总结与行为准则，且其"天人合一，道法自然"的治水原则，适用于各种水利工程。请搜集中国古代的其他水利工程项目，如灵渠、通济渠等，了解该项目后，对比其与都江堰治水理念的异同。

研究对象：_____

工作原理：_____

_____

_____

治水理念：_____

_____

_____

都江堰的工作原理，我好像懂了，又似乎还有不理解的地方……

那我们就动手制作都江堰模型，进行控水实验吧！

步骤一 - - → 步骤二 - - → 步骤三 - - → 步骤四 - - → 成品

画出部件图
两侧山脉
鱼嘴分水堤
玉垒山
飞沙堰
离堆

准备材料
超轻黏土
木板

捏制模型
按部件图捏制

组装定型

请向同学们介绍你制作的模型吧！

模型展览处

数字化美育实践基地

近年来，都江堰市一直在大力发展旅游业！搜索都江堰景区官方网站，可以了解更多信息。

都江堰不仅景色优美，更有丰厚的文化底蕴。让我们来制作一个演示都江堰治水原理的小动画，帮助大家更轻松地了解都江堰吧。

动画制作思路

山野放歌

欣赏优美客家山歌，感受悠久客家文化

鹏鹏，快来听刘三姐唱山歌嘞！

来嘞！

相传在唐代，在现在的广西罗城与宜山交界的天洞之畔，有个美丽的小山村。村中有一位叫刘三姐的壮族姑娘，她不但聪明勤劳，纺纱织布被众人夸赞，而且擅长唱山歌，她的山歌遐迩闻名，故远近歌手经常聚集其村，争相与她对歌、学歌。

鹏鹏！你还知道哪些山歌吗？

我知道客家山歌。

客家山歌被誉为有《诗经》遗风的天籁和"汉族传统歌曲活化石"，是客家人抒发情怀的特有表现形式，蕴含中华民族优秀民歌的精髓和拥有独特的艺术风格。客家山歌自唐代起，至今已有一千多年的历史。因用客家方言演唱，故称"客家山歌"。

客家山歌，源于古代中原，是中华民族音乐百花园里的一朵奇葩。随着客家先民迁徙岭南，客家山歌融合了中原文化和岭南本土文化，历经千年传承、兴盛不衰，广泛流传于广东省梅州、惠州、韶关、河源等客家地区，具有浓郁的岭南特色和深厚的群众基础。

活动： 1. 欣赏以下音乐：《花大姐》《槐花几时开》《山歌好比春江水》《养儿难》，你能快速找出哪首是客家山歌吗？

2. 让我们一起来欣赏客家山歌《好久唔曾相会过》，感受客家山歌的旋律特点，并分享你发现的美。

旋律特点	发现的美

客家先民多居住在山林之中，随处可见田野树林，远离繁华喧嚣，而山歌正是民众在劳作和休憩之时为了娱乐产生的。传统的客家山歌，主要有男女对唱的情歌，唱苦情的罗食歌，在劳动中产生的放牛歌、割草歌以及平民山歌和山歌小戏。

现时的客家山歌主要有独唱、对唱和山歌小戏等几种演唱形式，演唱内容也更加丰富多彩，唱山唱水、唱爱唱情、唱变迁唱发展。在客家山歌肥沃的土壤之上，又发展出了客家山歌剧，其中包含了客家民俗、民间艺术，并将客家山歌进一步发扬光大。

活动：欣赏《客家之歌》《山歌好比春江水》《十送红军》《放马山歌》。
思考：它们分别属于哪个地方的山歌，有何特点，体现出了什么样的美？

歌名	属地	特点	美的体现
《客家之歌》			
《山歌好比春江水》			
《十送红军》			
《放马山歌》			

客家山歌通常直接把客家人的衣食住行、所见所闻、喜怒哀乐作为山歌的表现内容，题材生活化，有随兴而歌、即兴而咏的特点，展现了劳动人民幽默乐观的精神。

新绣荷包两面红，
一面狮子一面龙。
狮子上山龙下海，
唔知几时正相逢。
——《新绣荷包两面红》（节选）

满山翠竹舞婆娑，
砍条竹子编成箩。
人问编箩装么格？
涯编竹箩装山歌。
——《涯编竹箩装山歌》（节选）

采茶歌（最典型、传唱最广的客家山歌）

客家山歌旋律优美，几乎所有曲调中都有颤音、滑音、倚音等装饰音，从而使旋律变得回环曲折、委婉动听。

客家山歌是民间口头文学，其善用赋、比、兴、双关等修辞手法，意境含蓄。清末梅县学者黄遵宪在其著作《山歌·题记之二》中总结了客家山歌歌词的艺术特点：山歌每以方言设喻，或以作韵。

> 围屋圆圆庭院深，上家点火下家明。
>
> 葡萄结籽团团抱，左邻右舍一家亲。
>
> 客家酿酒香又香，清风吹送醉八村。
>
> 一杯美酒一片意，四方来客是亲人。
>
> ——《山歌唱出客家情》（节选）

鉴赏：客家山歌多为偶句押韵，首句入韵。

> 橄榄好食核唔圆，相思唔敢乱开言。
>
> 哑子食着单只筷，心想成双口难言。
>
> ——传统山歌

鉴赏：山歌中利用"成双"语义双关，一方面指哑子食着单只筷，想要一双筷子却又说不出来；另一方面则用于抒发相思之情，诉说倾慕对方想与之结成一对但又难以开口，委婉含蓄、耐人寻味。

活动：由于各地客家话不同、地形地貌不同，山歌在风格上也有差异。请欣赏客家山歌《黄龙岗》，从语言、歌词、旋律三方面进行鉴赏，并与同学们分享。

项目	举例
语言美	
歌词美	
旋律美	

一首歌曲代表着一个时代，我们可以从歌曲中去了解一个时代。客家山歌的发展史就是一部客家的发展史，从歌声中我们能直观地了解客家的发展史。比如《客家颂》这首歌，它是一首新客家山歌，是在保持传统客家山歌特色的基础上进行改革创新的，也是对客家历史的记录。

> 美美，你从《客家颂》这首歌曲中听到了什么？

> 客家的形成发展史。

客家山歌记录着客家人从古至今生产、生活的每一个发展变化，每一个心灵、生命成长的重要时刻，里面有客家人的家长里短，也有客家人的家国情怀。客家山歌激励着一代又一代客家人艰苦奋斗、团结向上。

活动：让我们实地走访一下客家人，更加深入地了解客家山歌。

小组成员	
走访场所	
美的发现	
美的感悟	

> 从客家的形成发展史里，我仿佛看到了我们伟大祖国的发展史哦！

"梧桐山下，南山坡啊，山下有条深圳河，河水东流沙头角……"深圳客家山歌，与赣南、湘南、闽西、粤东的山歌同宗共脉，但在其不断发展中又形成了鲜明的本地特色，有情歌、仪式歌、生活歌、劳动歌等，旋律更为舒缓平和，唱腔起伏流畅。

> 美美，客家山歌可真有意义，我们可以创编一个节目去帮忙宣传。

> 太好了，我正好有很多想法。

活动：学唱客家山歌《阳台山放歌》，根据歌曲的创作背景创编一个沉浸式的短剧。

剧本编写

数字化美育实践基地

客家山歌大PK

1. 班级合唱比赛。（每班录制一首客家山歌上传至比赛网址，要求全班同学参与）

2. 个人山歌比赛。（每人录制一首客家山歌上传至比赛网址）

评比：网络投票决定一、二、三等奖。

哇哦，山歌比赛，我喜欢。同学们，加油哦！

太好了，我要参加，加油！

快快快！把网址发给我，我要去听歌。

赶快赶快，我要去投票。

土楼寻美

访土楼，感家风，品客家建筑之美

联丰花萼楼，又叫花萼楼，位于广东省梅州市大埔县大东镇联丰村，是目前"广东第一圆楼"。因所建圆形楼形似花萼，《诗经》有"常棣之华，鄂不韡韡。凡今之人，莫如兄弟"，意思是：棠梨花，花复萼，萼承花，兄弟之间的情谊，像这花与萼一样，相互扶持、相互辉映，因此花萼楼寓意兄弟邻居相亲相爱。

花萼楼设计精巧，结构独特，布局合理，便于防卫，功能齐全，显示了客家人团结、平均、平等的生活理念。

客家先民崇尚圆形，认为圆是吉祥、幸福、安宁的象征。而且客家人居住在偏远山区，这种建筑有利于防御土匪。

土楼建筑颜色明晰，色块整洁，青砖灰瓦，红柱黄墙，以土黄和灰黑为主，充满地域特色。

项目	举例
造型美	环环相扣，左右对称
色彩美	青砖灰瓦，红柱黄墙
功能美	

建筑大师贝聿铭曾说："建筑是有生命的，它虽然是凝固的，可在它上面蕴含着人文思想。" 这同样也是对客家土楼的最好阐释。客家土楼建筑，是中国文化纵贯古今的结晶，是落后生产力和高度文明两者奇特的混合。它们在技术和功能上臻于完善，在造型上具有高度审美价值，在文化内涵上蕴藏着深刻内容。

原来土楼建筑本身就蕴含着客家人的历史与文化……

项目	举例	文化基因
墙体厚实，全楼只有一个大门出入	客家人为外来移民。土楼既是居住地，又是冲突时的保命地，所以防御性成为土楼建筑的特性	
规模宏大，能够容纳一个家族居住		团结互助
客家围、祠合一		

客家人的历史可追溯到秦征岭南融百越时期，随后自西晋至晚清的一千多年间，中原汉人因躲避战乱、自然灾害等原因不断向南迁徙（前后历经五次大迁徙），他们以"客人"的身份，入住南方这片荒蛮的土地。

土楼根据地势，就地取材，依山而建。一座座土楼，屹立于山峦纵横、地势起伏、沟壑交织的土地上，给人一种浑然天成、自成一派、天人合一的和谐美、自然美。

在客家土楼民居建筑的中心设置祖堂，起到号召、威慑和凝聚，以及维系血缘、亲情关系的作用。

客家先民不管走到哪儿，都将族谱、先人的遗训带在身上、记在心里。"宁卖祖宗田，不忘祖宗言"，不仅反映出客家人在迁徙过程中的无奈与辛酸，也表达出客家人在长期生活中崇拜祖先和坚守精神家园的意志与毅力，还体现出客家人在困境中的艰辛与奋发。客家先民不愿丢弃的"祖宗言"便是客家的家训家风，它是客家人的精神支柱和灵魂，而客家民居中的匾联便是客家家风家训的重要载体。

深圳的"大万世居"牌匾意为：伟大啊，乾阳元气！世间万物之源靠着它从此开始。

土楼作为传统民居，传递着客家人的家风：忠孝、团结、仁义。千百年来，客家人通过不同的形式将家风文化传承至今。在房屋的构建中塑造家风文化，在生活情境的共鸣中深化忠孝情感，在家风的传承中履行仁义行为。

查查资料，和同学们讲讲这些客家人物背后的家风故事吧！

叶挺

广东归善县（今惠阳区）客家人。中国人民解放军创始人之一、新四军重要领导者之一，著名军事家、政治家。

叶剑英

广东省梅县人，久经考验的共产主义忠诚战士，坚定的马克思主义者，伟大的无产阶级革命家、政治家、军事家，中华人民共和国开国元勋，中华人民共和国十大元帅之一，中国特色社会主义事业和改革开放的重要开创者和奠基人之一。

曾宪梓

客家人，广东梅州人，1961年毕业于中山大学生物系。20世纪70年代末开始，捐资支持国家教育、航天、体育、科技、医疗与社会公益事业，历年捐资逾1400项次，累计金额超过12亿港元。

习近平总书记曾引用《孟子》中的"天下之本在国，国之本在家"论证中华民族重视家庭，家庭幸福美满对于国家富强、民族复兴的重要影响。我们要不忘初心，弘扬优良家风，把家庭建设成践行社会主义核心价值观的坚强阵地，为实现中华民族伟大复兴的中国梦做出贡献。

随着城市化的发展，人们不再像之前那样聚居，土楼的实用性也在减弱。但作为传统民居，它还承载着客家人的精神文明。北京的四合院、西北的窑洞，都是将传统民居与现代建筑融合的经典案例。在当今时代，如何让承载着客家精神的土楼穿越岁月与现代社会融合，让家风文化进一步浸润下一代，是我们要思考的问题。

土楼在今天可以如何规划，使其在新的时代依旧焕发自己的光彩呢？请你为一座具体的土楼制订一份新生计划，让家风文化传递下去！

土楼新生计划

数字化美育实践基地

借助数字技术，通过话题、H5、短视频等新媒体传播手段，让土楼被更多人看到。

鹏鹏，我们比一比谁的人气高。

好啊！

请同学们围绕自己制订的土楼新生计划，拍摄实地考察视频，并通过短视频的形式发布出来。

成果展示表

短视频主题：

时长：

媒体平台：

热度：

短视频链接：

梨园国粹

看戏、识角、画脸、唱戏，传承中华戏剧艺术瑰宝

鹏鹏，你对京剧有所了解吗？

京剧可是我国的国粹，被列入人类非物质文化遗产代表名录呢！

　　清乾隆五十五年（1790 年），恰逢乾隆皇帝八十大寿。清廷大臣们都要给皇帝祝寿，不但要送厚礼，而且还要送戏来京城祝禧（zhù xǐ，祝告神灵，以求福祥）。当时的闽浙总督伍拉纳联合江南管盐务的官员，将在扬州（即当时的南方戏剧中心）演出规模最大的徽班——三庆班送到京城为皇帝祝寿。三庆班进京获得成功后，又有四喜班、和春班、春台班等徽班进入北京，并逐渐称雄于京华的剧坛。这就是"四大徽班进京"的故事。

京剧戏台

鹏鹏学校组织了"国粹进校园"文化活动，我们一起去看戏吧！

戏是好戏，可是咿咿呀呀听不懂。快来听一听同学们看戏后的感受吧！

我喜欢《孙悟空大闹天宫》，孙悟空太厉害了，金箍棒转得真快。

《霸王别姬》这个故事可真经典呀！那首《垓下歌》将英雄末路的感慨表达得淋漓尽致，"力拔山兮气盖世，时不利兮骓不逝。骓不逝兮可奈何，虞兮虞兮奈若何"！

京剧曲调婉转悠扬，服饰华美靓丽，舞蹈动作行云流水。同学们一起补充一下看戏笔记，并说说美在哪儿吧！

服装美	曲调美	动作美

感知美

"梨园万变数京腔，脸谱逾千衣百妆，净末翻成生旦丑，名伶做唱自悠扬。"每一个京剧角色的完美演绎，都离不开表演者对角色的理解与诠释！

京剧有五种角色，同学们快去拜访一下表演老师，感知京剧角色之美吧！

国粹京剧　生

国粹京剧　旦

国粹京剧　净

国粹京剧　末

国粹京剧　丑

角色之美
（京剧角色又称行当）

A　生行 _____

B　旦行 <u>女性角色，分青衣、花旦、武旦等</u>

C　净行 <u>俗称"花脸"，男性角色</u>

D　末行 _____

E　丑行 _____

不论是服装发饰还是舞蹈动作，都具有不同的魅力！选择一个你最喜欢的角色扮演吧！

小游戏——京剧角色人物扮演

最喜欢的一位角色：

理由：

美美，脸谱是国粹京剧的画龙点睛之笔，我们一起去认识它吧！

一笔一画，一圈一点，看脸谱，如看世间。京剧脸谱，是一种写意和夸张的艺术。脸谱由简到繁、由表及里，是一种极具民族特色、以人的面部为表现手段的图案艺术。

色彩、构图、画法不同，寓意也不同。先查资料，再分分类，写出以下脸谱类型的代表人物及其脸谱。

01 整脸	02 三块瓦脸	03 六分脸
曹操：白整脸 关羽：红整脸	窦尔敦：蓝三块瓦脸	

04 十字门脸	05 花脸	06 歪脸
张飞：黑十字门脸		

小讲坛

京剧脸谱是一种具有民族特色的特殊化妆艺术，主要指净行的面部绘画。丑行因其扮演喜剧角色，故在鼻梁上抹一小块白粉，俗称"小花脸"。色画方法有：揉脸、抹脸、勾脸。

鹏鹏，不同脸谱彰显不同人物性格，你可听过《说唱脸谱》这首歌？

当然！"蓝脸的窦尔敦，盗御马；红脸的关公，战长沙；黄脸的典韦，白脸的曹操；黑脸的张飞，叫喳喳……"

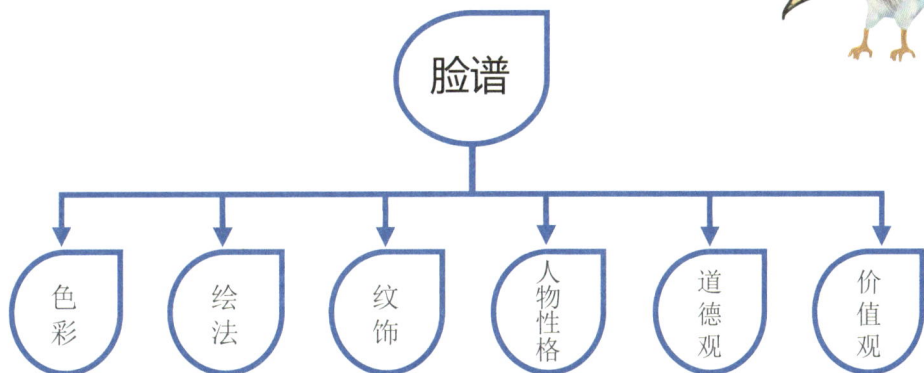

脸谱

色彩　绘法　纹饰　人物性格　道德观　价值观

色彩勾画之间彰显美学，快跟老师学画京剧脸谱吧！

小讲坛

红脸含有褒义，代表忠勇，如关羽、常遇春；黑脸为中性，代表刚直，如包拯、张飞；蓝脸和绿脸也为中性，代表草莽英雄，如窦尔敦、程咬金；黄脸和白脸含贬义，代表奸诈凶诈，如典韦、曹操；金脸和银脸表示神秘，代表神妖，如杨戬。

不论是角色服饰，还是脸谱唱腔，都散发着古典文化之美！

七律·赞京剧

操琴司鼓奏皮黄，字正腔圆韵味香。念白抑扬含顿挫，唱腔委婉透激昂。

须生花脸朝靴厚，老旦青衣水袖长。京剧奇葩天下秀，明朝国粹更辉煌。

中国人看戏追求的是"过瘾"。所谓"过瘾"，其实质就是观众对演员表演（如唱腔、念白、身段、舞蹈、武打等）中所体现的美、创造的美的强烈需求。我们学习了这么多的京剧知识，请把下面的思维导图补充完整吧！

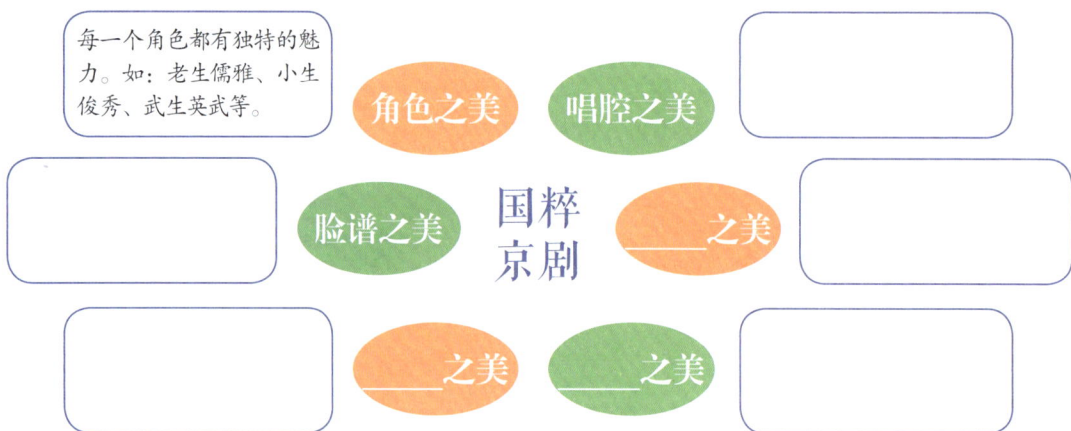

每一个角色都有独特的魅力。如：老生儒雅、小生俊秀、武生英武等。

角色之美　唱腔之美

脸谱之美　国粹京剧　＿＿之美

＿＿之美　＿＿之美

曲高则和者寡。据调查，越来越多的年轻人愿意走进电影院，却少有人肯买票进剧院看戏了，国粹京剧的传承越来越衰微。请与同学们交流：我们应如何传承京剧？

据我所知，越来越多的京剧人不再固守剧院，而是走向大众生活。

新时代，京剧不断求新求变，绽放华彩。京剧演员史依弘曾说过，求新求变，让京剧既传统又时尚。京剧演员应该是程砚秋先生所说的"最时髦的一群人"，打破藩篱、不落窠臼、不断超越！

京剧在不断的传承和发展中，也有创新和融合，把它推向世界舞台，彰显我国古韵文化！

史依弘

史依弘，京剧演员，工旦角。为了吸引更多年轻观众，她曾把香港经典武侠电影《新龙门客栈》搬上京剧舞台，也曾将《巴黎圣母院》改编成京剧《情殇钟楼》，中西结合，大胆创新。

国家京剧院

国家京剧院是国家艺术院团，成立于1955年，首任院长为梅兰芳先生。国家京剧院担负着重要的对外文化交流任务，曾先后出访50多个国家和地区，足迹遍及五大洲，赢得了良好的国际声誉。

"兴于诗，立于礼，成于乐。"京剧之美，在于演绎历史文化传奇，诠释思想伦理道德，传承古典神韵风采，化五千年文明于一方舞台。京剧中的忠孝、爱国、礼仪、廉耻、仁爱等文化要素，引人向真、向善、向美，传承中国精神。

京剧表演有一套独特的程式，这就是京剧独特的魅力。让我们跟着京剧老师学唱京剧吧!

京剧有唱，有舞，有对白，有武打，有各种象征性的动作，是一种综合性艺术。京剧舞台虽然简单，有时只有一桌二椅，可是演员们的"四功五法"，却是一招一世界、一念一生辉。

四功

唱：___歌唱___

念：_____

做：_____

打：_____

五法

手：___手势___

眼：_____

身：_____

法：_____

步：_____

小讲坛

京剧的音韵之美：京剧的音乐是板腔体。"板"是节奏，"腔"是旋律调式。京剧的唱腔主要以著名的"西皮"和"二黄"两大声腔组成。"西皮"整体音区偏高，旋律色调明亮、华丽、尖锐；"二黄"整体音区偏低，旋律色调暗淡、凝重、平静。

卜算子·咏梅

毛泽东

风雨送春归，飞雪迎春到。

已是悬崖百丈冰，犹有花枝俏。

俏也不争春，只把春来报。

待到山花烂漫时，她在丛中笑。

很多诗词可以用京剧唱出来。不妨听一听、学一学吧！

行路难

（唐）李白

金樽清酒斗十千，玉盘珍羞直万钱。

停杯投箸不能食，拔剑四顾心茫然。

欲渡黄河冰塞川，将登太行雪满山。

闲来垂钓碧溪上，忽复乘舟梦日边。

行路难，行路难，多歧路，今安在？

长风破浪会有时，直挂云帆济沧海。

除了《卜算子·咏梅》和《行路难》，同学们也找一找，看看还有哪些诗词可以唱成京剧。

1. ＿＿＿＿＿＿＿＿＿＿＿＿＿＿＿＿＿＿＿＿

2. ＿＿＿＿＿＿＿＿＿＿＿＿＿＿＿＿＿＿＿＿

3. ＿＿＿＿＿＿＿＿＿＿＿＿＿＿＿＿＿＿＿＿

4. ＿＿＿＿＿＿＿＿＿＿＿＿＿＿＿＿＿＿＿＿

在搜集到的诗词中选择一首，学唱一段吧！并选出京剧小达人！

数字化美育实践基地

"舞台方寸悬明镜，优孟衣冠启后人。"京剧是我国传统文化名片之一，而数字化给了这张名片更多的发展空间和传承力量。

鹏鹏，你知道吗？现在看故宫不用特地去北京了，微信平台有"数字故宫"。我们也可以推出"数字京剧"呀！

泱泱大国五千年文明，国粹精华源远流长，我真自豪！

请选择一位你喜欢的历史人物，为他（她）设计一个京剧脸谱吧！

我选择的历史人物是：_____

脸谱设计：

后 记

在深圳市龙华区民治中学教育集团党委的引领下，这套"美育实践丛书"得以呈现，我们倍感自豪。本项目得益于广东省委宣传部原副部长顾作义先生和广西教育出版社原总编辑李人凡老师的悉心指导，凝聚了民治中学教育集团教师团队的智慧与汗水。项目始于2021年初，完成于2024年，旨在通过美育实践，培育学生的审美情感与创造力，实现以美育人、以美化人的目标。

在深圳市教育科学研究院的批准下，在深圳市龙华区教育局和教育科学研究院的指导和支持下，我们组建了以莫怀荣书记、校长为主持人的课题组，负责课程体系的构建与课程内容的开发研究。其中，莫校长负责全面统筹项目，张德芝校长和徐莉莉副校长负责人文美板块，戴蓉校长和辜珠元老师负责艺术美板块，何星校长和陈妍老师负责自然美板块，吴朝朋老师负责科技美板块，彭智勇校长和郭金保老师则负责手绘插画设计的统筹和推进工作。

在编写过程中，辜珠元老师担任丛书第八册组长，朱莉清老师担任副组长，共同肩负课程内容研讨、书稿审读及出版准备工作的对接任务。各课的编写分工如下：李晨老师《侠者诗情》、康庄老师《科技华裳》、邓江洋老师《咏春拳术》、朱莉清老师《穿花纳锦》、朱雪原老师《北斗璀璨》、林学好老师《天府之源》、杨辉老师《山野放歌》、高佳玉老师《土楼寻美》、曹阳老师《梨园国粹》。张宇老师和宋宇老师则负责整册书的手绘插画，为手册增添了形象、生动的韵味。

"美育实践丛书"不仅是民治中学教育集团美育实践课题研

究的丰硕成果，更是我们对美育深刻理解和创新实践的生动展现。我们期待这套丛书能够为学生提供丰富多彩的美育体验，激发他们的创造力和审美能力，引领他们在美的海洋中遨游，发现自我，启迪智慧，滋养身心。

在"美育实践丛书"即将与广大师生见面之际，我们满怀感激之情。回首将近3年的研究和编写工作，我们收获了太多的感动。感动于我们这个团队在美育课程体系建设和课程开发研究道路上的执着追求和不断探索；感动于和我们并肩前行、可亲可敬的两位专家对整个项目的策划和丛书撰写提供反复、深入的指导；感动于暨南大学出版社阳翼社长和周玉宏、武艳飞主任，以及编辑老师们在书稿编辑过程中给予的耐心、细致的帮助。因编写需要，丛书大部分图片由视觉中国授权使用，其他图片由潘洁玉、武艳飞、刘蓓等提供。书中个别未联系到的图片作者请与出版社联系，以便支付薄酬，在此一并表示感谢。

我们坚信，美育不仅能够提升学生的审美情感和创造力，更是培养学生全面发展的重要途径。未来，我们将一如既往、继续努力，为教育界的同行提供更多有价值的经验和启示，共同推动新时代美育事业的发展。我们也清醒地认识到，由于我们的研究水平和实践能力有限，本套丛书还存在不足之处，有待进一步完善。因此，我们真诚地希望全国各地的教育工作者和读者在实际应用这套丛书的过程中，能够及时向我们反馈使用体验，提供宝贵的意见和建议，以便我们不断改进和完善，更好地服务于新时代学校美育实践的需要。

深圳市龙华区民治中学教育集团

2024 年 8 月